CONSTRUINDO TIMES
ALTAMENTE EFICAZES

Como transformar equipes virtuais em redes
profissionais eficazes e coesas

RICARDO VARGAS
MICHAEL NIR

CONSTRUINDO TIMES
ALTAMENTE EFICAZES

Como transformar equipes virtuais em redes
profissionais eficazes e coesas

CONTRIBUIÇÃO E TRADUÇÃO
ALLAN ROCHA

Copyright© 2014 por Ricardo Viana Vargas e Michael Nir

Todos os direitos reservados. Nenhuma parte deste livro poderá ser reproduzida, sob qualquer meio, especialmente em fotocópia (xerox), sem a permissão, por escrito, do Autor e da Editora.

Editor: Sergio Martins de Oliveira
Diretora: Rosa Maria Oliveira de Queiroz
Gerente de Produção Editorial: Marina dos Anjos Martins de Oliveira
Revisão: Maria Helena Oliveira
Contribuição e Tradução: Allan Christian Rocha
Projeto Gráfico e Editoração Eletrônica: Sérgio Alves Lima Jardim

Técnica e muita atenção foram empregadas na produção deste livro. Porém, erros de digitação e/ou impressão podem ocorrer. Qualquer dúvida, inclusive de conceito, solicitamos enviar mensagem para editorial@brasport.com.br, para que nossa equipe, juntamente com o autor, possa esclarecer. A Brasport e o(s) autor(es) não assumem qualquer responsabilidade por eventuais danos ou perdas a pessoas ou bens, originados do uso deste livro.

V297c   Vargas, Ricardo

        Construindo times altamente eficazes: como transformar equipes virtuais em redes profissionais eficazes e coesas / Ricardo Vargas, Michael Nir; tradução, Allan Rocha - Rio de Janeiro: Brasport, 2014.

        Título original: Building Highly Effective Teams: how to transform virtual teams to cohesive professional networks - a practical guide

        ISBN: 978-85-7452-706-2

          1. Administração de Projetos 2. Gestão de equipes I. Nir, Michael II. Título

                                 CDD: 658.404

Ficha Catalográfica elaborada por bibliotecário – CRB7 6355

BRASPORT Livros e Multimídia Ltda.
Rua Pardal Mallet, 23 – Tijuca
20270-280 Rio de Janeiro-RJ
Tel/Fax: (21)2568.1415/2568.1507
e-mails: marketing@brasport.com.br
           vendas@brasport.com.br
           editorial@brasport.com.br
www.brasport.com.br

Filial SP
Av. Paulista, 807 – conj. 915.
01311-100 São Paulo-SP
Tel. Fax (11): 3287.1752
e-mail: filialsp@brasport.com.br

Dedicatória

Dedico este livro ao meu afilhado André.
Com todo o carinho e amor.
Ricardo Viana Vargas

Dedico este livro ao meu falecido avô
Karl Heinz, que sabia tudo sobre
relacionamento.
Michael Nir

Dedico este livro ao meu novo sobrinho
Frederico, que mesmo distante está
sempre comigo.
Allan Christian Rocha

Nota (Disclaimer)

As opiniões expressas nesta publicação são de responsabilidade dos autores e não representam necessariamente as da Organização das Nações Unidas (**ONU**), incluída a **UN**OPS ou seus Estados-Membros.

Sobre os autores

Ricardo Viana Vargas, MSc, CSM, MCTS, PMP

Ricardo Viana Vargas foi, nos últimos quinze anos, responsável por mais de oitenta projetos de grande porte em diversos países, nas áreas de petróleo, energia, infraestrutura, telecomunicações, informática e finanças, com um portfólio de investimentos gerenciado superior a dezoito bilhões de dólares. Atualmente, é diretor do **Grupo de Práticas de Projetos do Escritório de Serviços de Projetos das Nações Unidas** (**UN**OPS, na sigla em inglês) e vive em Copenhagen, na Dinamarca. Seu trabalho tem como foco a melhoria da gestão dos projetos humanitários, de construção da paz e de desenvolvimento de infraestrutura em dezenas de países, como Haiti, Afeganistão, Iraque e Sudão do Sul.

Foi o primeiro voluntário latino-americano a ser eleito para exercer a função de presidente do conselho diretor (*Chairman*) do **Project Management Institute** (PMI), maior organização do mundo voltada para a administração de projetos, com cerca de seiscentos mil membros e profissionais certificados em 175 países.

Escreveu doze livros sobre gerenciamento de projetos, publicados em português e inglês, com mais de 250 mil exemplares vendidos mundialmente. Recebeu em 2005 o prêmio PMI Distinguished Award e, em 2011, o PMI IS CoP Professional Development Award pela sua contribuição para o desenvolvimento do gerenciamento de projetos. Recebeu também o PMI Professional Development Product of the Year pelo workshop **PMDome®**, considerado a melhor solução do mundo para o ensino do gerenciamento de projetos. É professor de gerenciamento de projetos em diversos cursos de MBA, participando do conselho editorial de revistas especializadas no Brasil e nos Estados Unidos.

Vargas é revisor reconhecido da mais importante referência no mundo sobre gerenciamento de projetos, o **PMBOK® Guide**. Foi também *chair* da tradução oficial do PMBOK® para o português.

Engenheiro químico e mestre em Engenharia de Produção pela UFMG, possui também o Master Certificate in Project Management pela George Washington University, além de ser certificado pelo PMI como Project Management Professional (**PMP**), Risk Management Professional (**PMI-RMP**) e Scheduling Professional (**PMI-SP**).

É também certificado pelo Escritório de Governo e Comércio do Reino Unido (**OGC**) como Programme, Project Management e PRINCE® Registered Consultant (**P2RC**), como Managing Successful Programmes (**MSP**) Practitioner e em Management of Risks (**MoR**) Foundation. E pela Scrum Alliance como Certified Scrum Master (**CSM**). Participou do programa de negociações para executivos da Harvard Law School e tem formação executiva de estratégia e inovação pelo **Massachusetts Institute of Technology** (MIT).

Durante onze anos, a partir de 1995, desenvolveu em conjunto com dois sócios um dos mais sólidos negócios de tecnologia, gerenciamento de projetos e terceirização do mercado brasileiro, que contava com 4.000 colaboradores e gerava uma receita anual de cinquenta milhões de dólares em 2006, quando Ricardo Vargas vendeu sua participação para se dedicar integralmente à internacionalização de seus trabalhos em gerenciamento de projetos.

Ricardo é membro da Association for Advancement of Cost Engineering (**AACE**), da American Management Association (**AMA**), da International Project Management Association (**IPMA**), do Institute for Global Ethics e da Professional Risk Management International Association (**PRMIA**).

- **E-mail**: ricardo@ricardo-vargas.com
- **Site**: www.ricardo-vargas.com
- **Skype**: ricardo.vargas
- **Twitter**: @rvvargas
- **LinkedIn**: www.linkedin.com/in/ricardovargas

Michael Nir

Presidente da Sapir Consulting (M.Sc. Engineering), presta consultoria organizacional, gestão operacional e treinamento há mais de 15 anos. É praticante e um apaixonado pela teoria Gestalt, que complementa a sua formação em engenharia e contribui para a compreensão das dinâmicas individuais e em equipe no negócio. Michael é autor de mais oito *best-sellers* nas áreas de influência, métodos ágeis (*agile*), equipes e liderança.

Sua experiência inclui conhecimentos significativos de telecomunicações, alta tecnologia, desenvolvimento de software, ambientes de P&D, petroquímicas e infraestrutura industrial. Desenvolve soluções criativas e inovadoras em gestão de projeto e produtos, melhoria de processos, liderança e programas de construção de equipes.

Michael possui experiência profissional analítica e técnica; no entanto, se interessa muito por interações e comportamentos humanos. Possui dois cursos de engenharia do prestigiado Instituto de Tecnologia Technion: Bacharelado em Engenharia Civil e Mestrado de Engenharia Industrial.

Michael equilibrou o lado técnico com o extenso estudo e prática da terapia Gestalt e do "Enriquecimento Instrumental", uma filosofia de aprendizagem através da mediação e do apoio. Em suas consultorias e treinamentos, combina o mundo analítico e técnico com seu foco nas pessoas, oferecendo soluções únicas e significativas, e abordando todos os sistemas.

- **Site**: www.sapir-cs.com
- **Twitter**: @MichaelNir
- **LinkedIn**: www.linkedin.com/pub/michael-nir/2/327/194

Sobre os autores | XIII

Allan Christian Rocha

Allan dedicou toda a sua carreira à gestão de projetos. Há aproximadamente 12 anos trabalha com implementações de escritórios de projetos baseados na **solução PPM (*Project & Portfolio Management*) da Microsoft.**

Ao iniciar seus estudos em Ciências da Computação, teve a oportunidade de trabalhar em uma das maiores empresas de consultoria do Brasil, onde pôde vivenciar diversas experiências relacionadas à gestão de projetos de diferentes tipos, tamanhos e complexidades.

Aos **21 anos** fundou sua própria empresa, a **Sotis Consultoria**, empresa especializada em **Gerenciamento de Portfólio de Projetos e Gestão de Conteúdo**. Nesse período teve a oportunidade de trabalhar com todo o mercado brasileiro e com renomadas empresas nos Estados Unidos em diversos setores como: telefonia, aviação, óleo e gás, automotiva, construção e farmacêutica.

Em julho de 2010 foi nomeado **Microsoft Project MVP** (Most Valuable Professional) e mantém o título há mais de quatro anos.

Criador e idealizador do(a):

- **"Gerir com Paixão"** – Metodologia de implementação de escritório de projetos que traz uma inversão benéfica de valores, mostrando que, no lugar de focarmos apenas nos objetivos da empresa, devemos focar nos usuários / colaboradores, que são a inteligência por trás de qualquer resultado. Com casos de sucesso no Brasil, Estados Unidos, Dinamarca e Alemanha, pôde provar a eficácia e aceitação das suas ideias, tendo inclusive um de seus projetos finalista na seleção a ser apresentada na Gartner Business Process Management Summit 2013, em Londres.

- **"PPMExpress"** – Metodologia de implantação da solução PPM da Microsoft, que tenta inverter as fases e os passos de um processo normal de implantação dessa solução. Os resultados chegam mais rapidamente, pois toda a implantação se baseia em um cenário virtual no qual o cliente, desde a primeira semana, é capaz de navegar e avaliar a ferramenta, lapidando-a e moldando-a em vez de gastar dias com especificações e documentações desnecessárias.
- **"Pangea PM"** – Novo conceito de integração, aprendizado, colaboração e gestão de pessoas que tornou-se a base para uma série de inovações ainda por vir, desmistificando a gestão de projetos e tornando-a muito mais interativa, divertida e conectada ao nosso dia a dia.
- **iPhone/iPad / Windows Phone / Office apps** – Trazem acesso rápido às informações relacionadas à gestão de portfólio de projetos, e muito mais. Permite ao usuário não só consultar, mas também interagir com especialistas de diferentes áreas e perfis.

Com a decisão de explorar novos mercados ao redor do mundo, vendeu suas participações na BHS (Belo Horizonte Sistemas) e mudou-se para Dinamarca, onde por três anos trabalhou como líder de uma equipe de alto desempenho, **que aumentou sua capacidade em 55% e atingiu um desempenho 45% além do esperado.**

Por essas e inúmeras outras razões, hoje se tornou um dos sócios da Projectum ApS, empresa líder do segmento na Escandinávia e referência internacional em **Gestão de Recursos e Portfólio de Projetos**.

Especializando-se cada vez mais em gerenciamento de portfólio de projetos, gestão de recursos e mudanças, divide seu tempo entre aprimorar cada vez mais seus conhecimentos e sempre tentar trazer algo novo para o mercado, que possa de alguma forma atrair e cativar o maior número de pessoas para essa incrível área que é a gestão de projetos.

- **E-mail**: allan@allanrocha.com
- **Site**: www.allanrocha.com
- **Twitter**: @allanrocha
- **Blog**: www.mundoepm.com.br
- **LinkedIn**: www.linkedin.com/in/allanrocha
- **Facebook**: www.facebook.com/Mundoepm
- **Facebook (pessoal)**: www.facebook.com/allancrocha

Apresentação

Obrigado por adquirir este livro e buscar aprender de forma prática como construir equipes altamente eficazes.

Você se sente perdido quando se trata de lidar com uma equipe virtual? Você leu livros e participou de treinamentos para melhorar o desempenho da sua equipe virtual, sem sucesso? Você trabalha em um ambiente virtual com pessoas de todo o mundo? Você sente, às vezes, que sua família é como uma equipe virtual?

Gerenciar uma equipe virtual é difícil e desafiador na maioria das vezes; no entanto, neste guia você vai descobrir os segredos da construção de uma equipe virtual de alto desempenho. Ele se baseia em experiências testadas e práticas de interação com equipes globais. Depois de ler este livro você saberá o que fazer para continuamente gerenciar com êxito suas equipes virtuais no trabalho e em qualquer lugar.

Junte-se a nós nessa viagem para transformar suas equipes (virtuais) em times de alto desempenho.

Para uma melhor experiência de leitura, utilizamos algumas notações gráficas especiais que aparecerão ao longo do livro.

Notações gráficas

 Lembretes – esses trechos resumem os conceitos discutidos para auxiliar na retenção de informações.

 Reflexão – são textos que irão convidá-lo a um pensamento mais profundo sobre ideias concretas e diferentes perspectivas.

 Alertas para pensar – enfatizam e destacam importantes tópicos e exercícios para se usar no mundo 'real'. Recomendamos ler essas caixas duas vezes e tomar notas para referência futura.

O que os leitores dizem sobre este livro:

"(...) Gerenciar equipes altamente efetivas parece tão difícil para a maioria de nós, mas, como Nir demonstra, não é. Comunicação, honestidade, integridade e esforço fazem muita diferença. Este livro está escrito claramente e é possível se mover rapidamente pelo material, que entra em detalhes suficientes para a implementação. Simplesmente assim! (...)"

"(...) Se eu puder ler cinquenta e não 350 páginas para obter o mesmo (...) é melhor (...) li muitos livros que são mais longos e não vão direto ao ponto. Eu procuro constantemente por esses guias que fornecem tudo o que eu preciso de uma maneira prática (...)"

"(...) Acho muito útil um estudo de caso fornecido neste guia (...) estudos de caso fazem ou destroem livros de negócios e,

Apresentação | XIX

neste caso, o estudo de caso fornece o que você precisa saber para a construção de times altamente eficazes (...)"

"(...) Guia que foca nos benefícios da construção de equipes altamente eficazes, bem como as principais etapas do processo de criação dessas equipes – relevantes para os gestores e líderes de organizações globais, acredito eu – talvez também em empresas pequenas (...)"

"(...) O livro contém muitas ideias relevantes e importantes para a construção de equipes altamente eficazes, uma visão geral · com o uso de estudos de caso para explicar os conceitos (...)"

"(...) Este guia fornece ferramentas e técnicas aplicáveis à construção de equipes de alto desempenho em ambientes globais e também virtuais. O exemplo de estudo de caso fornece as explicações necessárias para colocar as recomendações em prática (...)"

"(...) Ferramentas aplicáveis e técnicas apresentadas com um estudo de caso fornecem um contexto poderoso para a construção de equipes de alto desempenho de forma eficaz em uma configuração global que a maioria das empresas emprega atualmente (...)"

Nota dos Autores à 1ª Edição em Português

Este guia fornece a essência do que faz uma equipe ser altamente eficaz. São as consideradas "nove obrigações", apresentadas no primeiro capítulo do livro.

Relemos este livro muitas vezes, adicionando conceitos, editando e reestruturando, bem como adaptando seu conteúdo à realidade brasileira. Vários comentários recebidos foram incorporados a partir das duas primeiras versões em inglês.

Também discutimos os comportamentos do líder em dois estudos de caso, mostrando como construir equipes de alto desempenho.

O livro foi originalmente publicado em inglês há cerca de dezoito meses. Até hoje, mais de cem mil cópias foram comercializadas.

Este é um conteúdo de alto nível, que raramente é compartilhado. Leia e você terá uma ferramenta poderosa para levar a sua equipe ao caminho do alto desempenho.

Aproveite!

Michael e Ricardo, setembro de 2014

Sumário

1 **Equipes de alto desempenho** 1
2 **Os deveres de uma equipe de alto desempenho** . . 3
#1: Metas e planos claros 5
    Indo direto ao ponto *(por Michael Nir)* 6
#2: Comunicação efetiva 8
    Indo direto ao ponto – parte 2 *(por Michael Nir)* 9
#3: Relações positivas entre os membros 10
    Indo direto ao ponto – parte 3 *(por Michael Nir)* 12
#4: Papéis e responsabilidades claros 13
    Indo direto ao ponto – parte 4 *(por Michael Nir)* 15
#5: Confiança mútua 16
    Indo direto ao ponto – parte 5 *(por Michael Nir)* 19
#6: Eficaz tomada de decisões 20
    1 – Reconhecer o problema 21
    2 – Definir o problema 21
    3 – Coletar informações 21
    4 – Desenvolver soluções alternativas 22
    5 – Selecionar a MELHOR alternativa 22
    6 – Implementar a melhor alternativa 22
    7 – Avaliar o resultado 22
#7: Valorização e promoção da diversidade 23
#8: Gerenciamento bem-sucedido de conflitos . . . 27
    Teoria 1: estilos de conflito de Kilmann 28

Teoria 2: a "abordagem relacional baseada em interesses" 30

#9: Reconhecimento do trabalho e de oportunidades de desenvolvimento 35

Indo direto ao ponto – parte 6 *(por Michael Nir)* 36

3 Comunicação confiável, a chave do alto desempenho **39**

Estudo de caso #1 42

Estudo de caso #1 – Resumo 46

4 Comportamentos de liderança em uma equipe altamente eficaz **49**

Seja autêntico 50

Fale sobre as coisas difíceis 51

Saiba escutar 52

Faça boas perguntas 53

Seja confiável 53

Saiba como se divertir 54

Seja orientado a metas 55

5 Manter a responsabilidade apesar da distância – o desafio virtual **57**

Pessoas de alto desempenho para equipes de alto desempenho 58

Estudo de caso # 2 60

Estudo de caso #2 – Resumo 62

Liderança compartilhada 63

Capítulo 1

Equipes de alto desempenho

Para qualquer equipe virtual ser eficaz, ela deve evoluir para se tornar uma equipe de alto desempenho. Dizemos "evoluir" porque nenhuma equipe começa automaticamente com um alto desempenho. Você pode pegar os mais bem qualificados especialistas, excelentes em trabalhar em grupo, e colocá-los em uma nova equipe, mas isso não os torna uma equipe de alto desempenho. Eles devem aprender a trabalhar juntos, formando assim uma equipe de alto desempenho.

Qualquer grupo trabalhando junto tem potencial para se tornar uma equipe de alto desempenho. Apesar de exercerem forte influência no desempenho do time, a experiência e a capacidade individual não são tão importantes quanto o comprometimento de cada membro com a equipe. Como muitas outras coisas que encontramos no mundo dos negócios, a atitude conta tanto quanto a capacidade.

Todos nós trabalhamos juntos em times para desenvolvermos sinergia. Essa palavra elusiva ou obscura refere-se ao aumento de habilidade que acontece quando diferentes elementos trabalham juntos. O resultado final é maior que a soma das suas partes. Equipes de alto desempenho tiram proveito disso, encontrando o caminho para alcançar a maior sinergia possível em todas as suas ações.

O líder da equipe é uma parte fundamental desse processo de formação, mas nem tudo depende apenas dele. Os tipos de pessoas que são escolhidas para a equipe, suas competências individuais, suas personalidades, suas habilidades de comunicação e suas capacidades de trabalhar com os outros, tudo isso tem um impacto sobre esse processo. Uma única pessoa com a atitude errada pode simplesmente impedir que a equipe alcance um alto desempenho.

Capítulo 2

Os deveres de uma equipe de alto desempenho

Antes de prosseguirmos, precisamos ter a certeza de que estamos falando a mesma língua. Precisamos de uma definição para uma equipe de alto desempenho. Como em qualquer equipe, ela reúne um grupo multidisciplinar de pessoas, trabalhando juntas por um objetivo comum. Cada membro da equipe traz habilidades específicas, talentos e conhecimentos que contribuirão para esse objetivo. No entanto, apenas isso não faz desse time uma equipe de alta performance.

A equipe precisa se fundir até o ponto em que cada um possa usufruir das habilidades e dos talentos dos outros membros da equipe. Isso vem através da construção de relacionamentos, comunicação e confiança.

Nenhuma equipe pode se tornar de alto desempenho sem o comprometimento de seus membros. Não apenas um compromisso com o time, mas com o sucesso da equipe. Há um velho ditado que diz: "uma corrente é tão forte quanto o seu elo mais fraco". No caso de uma equipe, esse elo é um membro que tenha o menor comprometimento com o sucesso da equipe.

Em uma equipe de alto desempenho observa-se um alto nível de colaboração e inovação. A colaboração e a inovação, por sua vez, ajudam o time a produzir resultados superiores de forma consistente. Isso não quer dizer que a equipe nunca falha; ela irá percorrer essas falhas em conjunto, muitas vezes encontrando formas inovadoras de superá-las, transformando esses fracassos em sucessos.

Há certas ações que são comuns no desenvolvimento e comportamento de uma equipe de alto desempenho, e que podemos usar para caracterizar esses times.

Eis os nove deveres das equipes de alto desempenho:

#1 Metas e planos claros

#2 Comunicação efetiva

#3 Relações positivas entre os membros

#4 Papéis e responsabilidades claros

#5 Confiança mútua

#6 Eficaz tomada de decisões

#7 Valorização e promoção da diversidade

#8 Gerenciamento bem-sucedido de conflitos

#9 Reconhecimento do trabalho e de oportunidades de desenvolvimento

#1: Metas e planos claros

Para qualquer equipe ser eficaz, seus membros precisam saber para onde estão indo e como vão chegar lá. Metas e planos não são meramente ditados à equipe pelos superiores, mas desenvolvidos pelo time como um todo, incluindo os objetivos intermediários a serem utilizados como marcos.

Embora todos os planos sofram alterações com usual frequência, sem um plano, não há como saber se estamos no caminho certo. No entanto, em um time de alto desempenho, não é suficiente que o time desenvolva metas claras. É preciso que cada membro se comprometa com essas metas.

"Comprometimento" é o alicerce fundamental de uma equipe de sucesso. Tem que ser demonstrado, exemplificado e modelado de cima para baixo. Nós aprendemos durante a prática de coaching que "comprometimento" deve ser comunicado de várias formas, desde mensagens motivacionais a elogios públicos, quando o comportamento almejado for alcançado.

Construindo Times Altamente Eficazes

É importante que a comunicação ocorra de modo apropriado. "Comprometimento" sempre acontece quando o líder permite que a equipe crie uma cultura na qual os membros são parte do processo. Nesse contexto, "comprometimento" é mais do que citações bonitas. Muito pelo contrário: é uma mentalidade, uma crença; o núcleo e a estrutura que permitem que grandes coisas aconteçam coletivamente. Através do processo de comprometimento, a equipe se torna dona das metas e dos planos que desenvolvem.

Muitas vezes testemunhamos executivos recém-nomeados montando suas equipes e informando a seus membros, em uma apresentação chamativa na sala de reuniões, as metas impostas à equipe. Essa abordagem geralmente falha – e mais, cria uma brecha na equipe, que, sem um processo adequado, não acompanhará o conjunto imposto de metas.

Em uma moderna organização matricial isso também é verdade para quase toda equipe multifuncional: sem adequado "comprometimento" as metas não são compartilhadas.

Indo direto ao ponto *(por Michael Nir)*

Comecei minha carreira como engenheiro industrial. Fui aceito para trabalhar em uma pequena consultoria, que colaborava com outra maior. Eu era o consultor júnior, a meio caminho do M.Sc., e tinha acabado de começar a escrever minha tese. Fui então cedido à maior consultoria para um projeto de infraestrutura.

Éramos quatro consultores desenvolvendo os planos do programa de construção de uma enorme planta de fabricação de

Os deveres de uma equipe de alto desempenho | 7

semicondutores. Tínhamos pouco contato com nosso escritório e interagíamos constantemente uns com os outros. O líder do nosso pequeno grupo era um gerente de projeto veterano, que tinha participado de três projetos similares no passado.

Como o financiamento para o programa ainda estava em andamento, passamos mais de seis meses em um cubículo de 15 metros quadrados tentando parecer ocupados. Para mim isso foi totalmente desanimador. Estávamos praticamente passando o tempo, esperando por uma ordem para seguir em frente e com muito pouco para fazer. Foi então que eu experimentei o que sempre me pareceu ridículo: é melhor ter mais do que menos trabalho para fazer.

Queríamos subir pelas paredes de tanto tédio, mas como estávamos em um cubículo, nem paredes tínhamos para subir. Em um ponto, nosso gerente de equipe passou quatro semanas decidindo sobre o layout de cores da apresentação inicial do projeto.

O que mais nos faltava era liderança de nosso líder de equipe e dos gestores da consultoria. Não havia muito mais no que trabalhar, nada que nos mantivesse unidos, nenhum sentido para toda aquela longa espera.

A falta de um objetivo que pudesse nos motivar foi extremamente prejudicial à moral da nossa pequena equipe. Nós reclamávamos e brigávamos, criticávamos uns aos outros e éramos geralmente improdutivos para as pequenas tarefas que ainda tínhamos a completar. Deixei essa equipe com menos de um ano no cargo, bastante frustrado e na esperança de que minhas experiências futuras iriam mudar para melhor.

As pessoas precisam de metas com as quais se alinhar, e que lhes deem um senso de direção.

#2: Comunicação efetiva

Uma equipe que não se comunica não é uma equipe, e sim um grupo de indivíduos marchando ao ritmo de seu próprio tambor. Equipes de alto desempenho **desenvolvem métodos claros e consistentes para se comunicar entre si,** seja em modo formal ou informal.

Essa comunicação é colaborativa por natureza e permite constante *feedback* para cada um dos membros da equipe. Ao fornecer *feedback* de modo constante, os membros se sentem mais seguros sobre o relacionamento e as interações do time.

E mais: processos de comunicação efetivos podem aumentar a motivação da equipe, promover confiança e respeito entre os membros, além de aprimorar os processos de tomada de decisão e contribuir substancialmente para a produtividade global e o desempenho da equipe.

Contudo, processos de comunicação ineficazes diminuem a motivação dos membros e o comprometimento da equipe, reduzindo a produtividade e aumentando as "fofocas".

Processos de comunicação eficazes são, portanto, vitais para o desempenho da equipe. O que faz um processo de comunicação eficaz?

Processos de comunicação eficazes são: **regulares, transparentes e focados, sempre relacionados aos objetivos da equipe.**

A comunicação regular dentro e entre equipes ajuda os membros a manter o foco e permite que todos permaneçam atualizados com o progresso, garantindo que as dificuldades ou os contratempos possam ser tratados rapidamente e de forma colaborativa.

Processos transparentes de comunicação fornecem as mesmas informações a todos os membros da equipe sempre que possível, mantendo-os devidamente informados. Processos transparentes maximizam o alinhamento de todos.

Não conseguir informar adequadamente todos os membros da equipe de forma igualitária pode comprometer sua capacidade de contribuir igualmente para processos da equipe e tomadas de decisão. Processos de comunicação que são **focados e relacionados aos objetivos e às metas do time** incentivam os membros da equipe a permanecerem focados nos objetivos e direcionados para os resultados.

Indo direto ao ponto – parte 2 *(por Michael Nir)*

Minha posição seguinte foi como gerente de projetos em uma *startup* de tecnologia na área de telecomunicações. Era o ápice do estouro da bolha das pontocom. Boatos eram abundantes e a situação não era diferente em nossa empresa. Literalmente, só esperávamos a "degola".

Na época, eu escrevia documentos de requisitos de negócio para nosso departamento de desenvolvimento e engenharia. Os outros seis engenheiros, que tinham sido meus supervisores, estavam realizando várias funções de marketing de produto.

A maioria dos nossos encontros terminava em sessões de papo

furado sobre nossas chances de sobrevivência. Eram conversas baseadas em boatos, meias-verdades e várias mensagens mal compreendidas dos executivos. Era difícil se concentrar nos objetivos e resultados, quanto mais produzir robustos requisitos de negócios com base em um esforço colaborativo. Além disso, o líder da equipe – o vice-presidente de marketing –, em vez de focar no trabalho a ser realizado, se juntou a nós nas especulações. Certamente este não foi o melhor exemplo de comunicação eficaz e focada.

 Comunicação franca e frequente constrói relacionamentos.

#3: Relações positivas entre os membros

Para membros da equipe trabalharem em conjunto e de forma eficaz, o relacionamento deles precisa ir além da mera relação de negócios. Membros de equipes de alto desempenho interagem fora do local de trabalho e criam laços entre si – laços estes baseados no respeito, na confiança e no conhecimento das capacidades de cada um.

É preciso dedicar tempo para desenvolver e manter essas relações. Isso não é perda de tempo; é tempo usado na construção da equipe.

A construção de relacionamentos deve incentivar os integrantes da equipe a reconhecer os pontos fortes uns dos outros. Por exemplo: durante as reuniões matinais, permita a cada membro da equipe identificar alguma característica de trabalho que admire na pessoa sentada à sua esquerda. Alguém pode reco-

Os deveres de uma equipe de alto desempenho | 11

nhecer a disponibilidade de um colega para trabalhar até mais tarde, enquanto outro membro da equipe pode perceber que a capacidade de planejamento de um colega contribui para os resultados.

O processo de reconhecimento dos pontos fortes do outro se baseia na empatia, ou seja, na capacidade de se colocar no lugar do outro.

Existe uma ótima expressão para isso: **"as pessoas vão esquecer o que você disse, as pessoas vão esquecer o que você fez, mas as pessoas nunca vão esquecer como você as fez sentir".** Empatia e compreensão constroem conexões entre as pessoas. É a capacidade de perceber e de se identificar com os sentimentos e as necessidades de outra pessoa sem culpar, dar conselhos, ou tentar consertar a situação.

Empatia também significa "ler" o estado interior da outra pessoa e interpretá-lo de uma forma que irá ajudar e oferecer apoio, desenvolvendo uma confiança mútua. O líder da equipe promove empatia, disponibilizando tempo e acesso aos membros da equipe. Estar mentalmente presente durante o tempo dado a essas pessoas também é importante. Lembre-se: quando estiver com alguém, você deve estar 100% engajado, e não vivendo no passado ou se preocupando com o futuro.

A conexão que fazemos com as outras pessoas é a pedra fundamental da nossa existência. Dedicar tempo, energia e empenho para desenvolver e construir relacionamentos é uma das mais valiosas habilidades da vida.

Indo direto ao ponto – parte 3 (*por Michael Nir*)

As pessoas tendem a confundir empatia e compaixão. **Empatia** é a capacidade de compreender outras perspectivas. **Compaixão** é a identificação com o estado emocional do outro. Empatia é crucial para uma comunicação eficaz; compaixão, para relacionamentos com amigos e família.

Ao escrever a expressão "as pessoas vão esquecer o que você disse, as pessoas vão esquecer o que você fez, mas as pessoas nunca vão esquecer como você as fez sentir", lembro-me de um seminário de treinamento do qual participei há alguns anos.

Foi uma semana inteira de retiro Gestalt, onde realizamos sessões terapêuticas de aprendizagem. Eram pequenas reuniões de equipe lideradas por uma facilitadora pela manhã e à tarde. Lembro-me de uma das reuniões muito claramente, quando estávamos praticando autorrevelação, como uma maneira de aumentar a empatia entre os membros da equipe.

A autorrevelação é compartilhar algo pessoal para aumentar a empatia e o contato entre os indivíduos; é extremamente poderoso e leva a resultados surpreendentes.

Estávamos na metade de uma sessão de três horas quando a facilitadora achou que eu estava me retendo ou sendo resistente. Ela insistiu que eu gastasse mais tempo do que os outros na autorrevelação e não deixaria que eu me desviasse.

Eu não estava muito feliz de ter sido escolhido, mas trabalhei juntamente com ela conforme solicitado.

Tudo o que eu achava apropriado para compartilhar não era suficiente, e quando eu mencionei isso ela me repreendeu de modo chocante por não participar plenamente da sessão.

Não me lembro exatamente o que ela disse ou fez, mas lembro que me senti muito mal. Essa intensa experiência foi uma grande lição aprendida.

Eu me lembro disso claramente quando estou conduzindo sessões – me asseguro de verificar como os participantes estão se sentindo, para garantir que a equipe conclua as interações interpessoais antes de ficar dispersa.

 "As pessoas vão esquecer o que você disse, as pessoas vão esquecer o que você fez, mas as pessoas **nunca vão esquecer como você as fez sentir.**"

#4: Papéis e responsabilidades claros

Enquanto a equipe está unida para atingir seus objetivos, deve-se compreender que cada membro é parte da equipe devido ao seu conhecimento, experiência e capacidade de colaboração.

Definir claramente as funções e responsabilidades de cada membro da equipe elimina os problemas normais, como o de todos acharem que alguém está lidando com um assunto quando na verdade ninguém está fazendo isso.

Planos e metas da equipe são decompostos em cada uma das áreas de responsabilidade de uma forma que garanta que cada membro saiba como sua área de responsabilidade ajuda a equipe a atingir o objetivo geral.

14 | Construindo Times Altamente Eficazes

Membros da equipe também sabem as funções e responsabilidades uns dos outros, facilitando a colaboração.

Responsabilidades e funções claras também fornecem informações sobre onde o time se encaixa dentro da organização e a quem deve se reportar, ajudando a evitar conflitos e malentendidos sobre autoridade.

Ao definir papéis e responsabilidades no ambiente de trabalho, você pode precisar criar uma lista de todos os membros da equipe e uma lista de todas as tarefas e funções dentro de seu negócio.

Em seguida, você poderá atribuir as funções de cada membro da equipe ou grupo de funcionários. É importante manter-se flexível e estar preparado para modificar seu plano em consulta com a sua equipe.

Uma vez que você tenha definido papéis e responsabilidades de cada pessoa, poderá registrar isso em uma matriz gráfica RACI. O registro pode ser mais formal ou informal, porém é sempre importante anotar as informações principais.

Matrizes RACI fornecem a oportunidade de comunicar claramente papéis e responsabilidades de cada indivíduo e também servem como uma maneira de medir desempenho a partir da definição de KPIs (*Key Performance Indicators* – indicadores-chave de desempenho) em comparação às tarefas ou aos requisitos.

O modelo RACI é uma poderosa ferramenta para definir funções e responsabilidades – em geral, combinando-as com processos. RACI significa:

R – Responsible – A batata quente para aqui. Quem for o res-

Os deveres de uma equipe de alto desempenho | 15

ponsável precisa certificar-se de que o processo funciona como planejado. O **R** detém o processo/problema ou projeto.

A – Accountable – Esta é a pessoa para quem é delegada a tarefa de completar a atividade. Ela dá suporte à pessoa que detém o **R**.

C – Consult – Esta pessoa geralmente possui um conhecimento profundo do processo em questão, e todas as grandes decisões necessitam do apoio e muitas vezes da aprovação desse profissional.

I – Inform – As pessoas que precisam ser informadas sobre a atividade realizada, mas não necessariamente devem ser consultadas de modo mais formal.

Falhar ao definir papéis e responsabilidades do ambiente de trabalho pode criar tensão, falta de comunicação e ineficiência dentro de seu negócio.

As pessoas podem se sentir inseguras com relação às suas tarefas e a quem reportar. Erros e omissões podem também ocorrer onde pessoas têm dúvidas sobre o que é requerido delas, criando ineficiências que custam tempo e dinheiro.

Indo direto ao ponto – parte 4 *(por Michael Nir)*

Umas das tarefas que minha empresa concluiu foi o gerenciamento de projetos em uma planta de produção petroquímica. Gerenciamos o agendamento e os elementos de controle de orçamento para um projeto de recuperação da fábrica. Este é um projeto recorrente onde a instalação é fechada por aproximadamente um mês. Durante a execução do trabalho, que é feito 24 horas ininterruptamente, equipamentos são renovados, limpos, consertados etc.

Uma execução curta e intensa foi concluída após um ano e meio de planejamento da engenharia. A fase de design da engenharia não é gerenciada como um projeto, enquanto a recuperação é.

Isso leva a situações absurdas durante a fase mais agitada da execução do projeto. As partes responsáveis pelo planejamento do design não foram explicitamente identificadas e deviam ser localizadas quando os riscos ocorressem.

Houve uma época em que a engenharia estava utilizando documentos de design desatualizados, e dois tubos que tinham de se encontrar acabaram mais de meio metro separados.

Como a equipe de design não possuía a devida responsabilidade, foi um desafio encontrar a solução adequada em um curto período de tempo.

Certifique-se de que você tenha **definido claramente as responsabilidades** e obrigações.

 Certifique-se de gerenciar responsabilidades e obrigações.

#5: Confiança mútua

A confiança é uma das qualidades mais difíceis de se desenvolver em qualquer equipe. Ela só é adquirida através do tempo, do convívio e da experiência. Membros de equipes de alto desempenho devem desenvolver elevado nível de confiança uns nos outros.

Membros da equipe devem evidenciar a competência e o comprometimento demonstrado pelo outro, para que essa confiança possa se desenvolver com o estímulo positivo. Eles devem sentir que todos estão comprometidos com o sucesso da equipe e não apenas com o sucesso pessoal. Eles precisam desenvolver confiança não só na capacidade profissional de outros membros da equipe mas também na sua integridade pessoal.

Todos os deveres descritos anteriormente suportam a construção da confiança. No entanto, a confiança é um aspecto complicado da relação entre os indivíduos; e em se tratando de equipes é ainda mais complexa. A confiança mútua aumenta a comunicação, o comprometimento e a lealdade entre os membros da equipe.

A confiança pode ser considerada a base que permite às pessoas trabalharem juntas, além de ser uma facilitadora para interações sociais. Pode também melhorar o desempenho da equipe e aumentar a probabilidade de criação de empresas de sucesso.

A confiança desempenha um papel crucial na criação de equipes de negócios globais, *startups* e redes de relacionamento. Em organizações modernas, confiança se torna cada vez mais importante, uma vez que a maioria das organizações não pode depender exclusivamente de políticas formais e regras rígidas.

A equipe é uma unidade básica de desempenho para a maioria das organizações. Ela mescla as habilidades, experiências e percepções de várias pessoas. As equipes de alto desempenho geralmente não são uma coleção dos indivíduos mais brilhantes. Elas são entidades funcionais que possuem diversos papéis para os diferentes membros da equipe, que por sua vez fornecem as habilidades e o conhecimento para obtenção do sucesso.

Uma rivalidade saudável entre os membros da equipe permite que ela tenha um alto nível de desempenho, mas apenas quando a equipe for construída com extrema confiança. Construção de confiança é um processo relativamente lento e longo, em comparação com outros processos de negócios, mas pode ser acelerada com a interação aberta e boas habilidades de comunicação. **Experiências compartilhadas criam confiança – e confiança, por sua vez, permite níveis mais profundos de interação e de expressão entre os membros da equipe.**

Construção de confiança exige transparência nas informações, honestidade e argumentos corretos. A confiança também permite a livre troca de ideias, que é a base dos processos de inovação. Normalmente, o sentimento de confiança baseia-se na intuição e nas emoções.

As equipes de alto desempenho possuem propósito compartilhado, confiança mútua e respeito, clareza em torno de papéis individuais e responsabilidades, altos níveis de comunicação, vontade de trabalhar para o bem maior da equipe e um líder que tanto apoia como desafia os membros da equipe. Há também um clima de cooperação, uma capacidade de expressar as diferenças e valorizar os conflitos positivos.

Uma equipe de alto desempenho não esconde inevitáveis diferenças debaixo do tapete e valoriza a franqueza. A importância de compartilhar informações pessoais, tais como carreira, experiência de trabalho e contextos organizacionais atuais, não pode ser superestimada.

Confiança, benevolência, competência e integridade têm seu crescimento resultante de vários exercícios de construção de equipes. Em equipes onde existem grandes níveis de confiança, as pessoas expressam seus sentimentos mais livremente. Membros de equipe também proveem reconhecimento e *feedback* entre si. Discordâncias são discutidas mais abertamente. Em geral, equipes de alta confiança possuem interações e discussões bem mais abertas.

Indo direto ao ponto – parte 5 *(por Michael Nir)*

Desenvolver confiança – embora difícil de descrever, a confiança é tangível e perceptível quando experimentada. Como podemos medir a confiança dentro da equipe para garantir que ela existe? Nos *workshops* eu usualmente pergunto aos participantes exatamente essa questão. Inicialmente, a noção de confiança surge no exercício de *team charter*. Os participantes definem facilmente confiança como um ingrediente-chave de equipes eficazes. Eles são rápidos ao escrever afirmações nos cartazes, tais como: "membros da equipe confiam uns nos outros" ou "membros e líder da equipe mostram confiança em suas atividades" e também "uma equipe de alto desempenho deve mostrar confiança entre seus membros".

Nenhuma dessas definições se aproxima da explicação de como podemos medir a confiança. Esse é um **desafio comum, com componentes culturais e sociais**. É muito simples definir os rótulos, mas muito difícil **fornecer indicadores quantitativos claros** para medição do nível de relações interpessoais. Para entendermos esse aspecto eu preciso abordar o conceito de objetivos de conduta.

A confiança é apenas um rótulo. Certifique-se de que sabe como ver e sentir a confiança – medindo-a.

Definimos a conduta ou o comportamento que caracteriza o rótulo. Em outras palavras, nós examinamos quais comportamentos esperamos encontrar caso exista confiança. Podemos também definir comportamentos que, se aumentados, nos levariam a ter maior confiança. Movendo-nos de rótulos genéricos para uma conduta mensurável específica, damos à equipe uma ferramenta explícita para medir seu progresso em componentes que até então eram intangíveis.

#6: Eficaz tomada de decisões

Não há nada que possa colocar freios no andamento das atividades de uma equipe como a procrastinação na tomada de decisões. Equipes de alto desempenho podem usar uma variedade de métodos para chegar às suas decisões. Agora, uma coisa é clara: elas tomam decisões!

Se é a equipe que chega à decisão democraticamente, ou é o indivíduo com o maior conhecimento sobre essa área em particular que faz a decisão unilateralmente, não importa. O fato é que equipes de alto desempenho tomam decisões em tempo hábil.

No entanto, isso não quer dizer que elas nunca mudem de decisão, caso seja realmente necessário.

Em essência, equipes tomam decisões utilizando técnicas de resolução de problemas. Com isso, o processo depende em grande parte da seleção de um curso de ação, seguida pela avaliação de duas ou mais alternativas. Para efetivamente navegar nesse caminho, uma abordagem sistemática pode ser usada.

1 – Reconhecer o problema

Equipes devem enxergar e reconhecer que um problema existe e que uma decisão precisa ser tomada para seguir em frente. Embora para você esta etapa pareça elementar, muitas equipes não reconhecem que existe um problema a ser abordado.

2 – Definir o problema

Nesta etapa, as equipes devem mapear o assunto em questão. Aqui as equipes devem:

- situar como, quando e onde membros ficaram cientes do problema;
- explorar diferentes maneiras de visualizar o problema. Isso pode levar a uma melhor compreensão do problema "central";
- questionar quaisquer premissas feitas sobre o problema para garantir que a equipe veja a "real" questão a ser resolvida.

3 – Coletar informações

Uma vez que o problema tenha sido definido, as equipes precisam coletar informações relevantes sobre ele. Por que equipes precisam executar esta etapa? Por duas razões:

22 | Construindo Times Altamente Eficazes

1. para verificar se o problema foi definido corretamente na etapa 2; e

2. para desenvolver soluções alternativas para o problema.

4 – Desenvolver soluções alternativas

Embora possa ser fácil para a equipe "pular" esta etapa e aceitar a primeira solução, equipes que são eficazes na resolução de problemas consomem tempo explorando várias soluções possíveis para o problema.

5 – Selecionar a MELHOR alternativa

Quando todas as alternativas tiverem sido identificadas, a equipe precisa determinar aquela que melhor resolve o problema. Para que esse processo seja eficaz, você precisa considerar os elementos racionais e humanos.

6 – Implementar a melhor alternativa

Uma vez que a alternativa foi escolhida, a equipe precisa implementar sua decisão. Isso requer planejamento eficaz e capacidade de comunicar a decisão a todas as partes interessadas.

7 – Avaliar o resultado

Lembre-se de que construção de equipes é um processo de aprendizagem. É fundamental que a equipe examine se os planos de ação propostos foram alcançados de forma efetiva e se os resultados foram positivos.

Uma tomada de decisão se torna mais fácil se houver um processo a ser seguido.

#7: Valorização e promoção da diversidade

Muitas vezes, são as diferenças dos indivíduos que tornam os times eficazes. Todos devem estar aptos a trazer o seu próprio ponto de vista e suas habilidades para o grupo, adicionando algo que nenhum outro membro da equipe poderia. Enquanto pessoas de "mente fechada" lutam para aceitar aqueles que são diferentes, as equipes de alto desempenho aceitam e abraçam a diversidade.

Eles contam com essa diversidade para fornecer as ideias necessárias na criação de soluções inovadoras aos seus problemas.

Isso só pode acontecer quando cada membro da equipe estiver disposto a aceitar os outros como eles são, não os menosprezando pelo o que eles não são.

A maioria das equipes globais está ciente da diversidade cultural, e as organizações estão investindo em treinamento e instrução em vários desses aspectos. Além da diversidade cultural, é preciso destacar um outro tipo de diversidade que é cada vez mais aparente e que, quando negligenciado, impede a eficácia da equipe. Estou me referindo à diversidade entre as gerações.

Uma equipe de gerações diferentes inevitavelmente contém uma diversidade de perspectivas e pontos de vista que, se bem administrada, nos levará a melhores soluções, melhores produtos e maior comprometimento.

Se entendida de maneira errada, essa diversidade pode significar conflito, trabalho ineficaz e um sentimento de frustração para os membros da equipe. Por outro lado, se entendida corretamente, ela libera o conhecimento e o talento de todas as gerações. Uma equipe de gerações mistas se sente vibrante e há um sentido de aprendizado mútuo entre as diferentes gerações.

Os benefícios específicos das equipes de gerações mistas eficazes incluem:

- **Aumento da penetração em clientes de idades e segmentos diferentes** – Isso traz uma variedade de perspectivas a serem consideradas em um problema – claramente, isso é importante ao trabalhar com temas que afetam clientes e consumidores individuais, o que significa que você está considerando uma gama de idades e gerações.
- **Melhoria do compartilhamento e da gestão do conhecimento** – Organizações muitas vezes lutam com a forma de capturar e compartilhar o imenso volume de conhecimento das pessoas mais experientes. Os aspectos informais de relacionamentos de uma equipe de diferentes gerações é também um meio fantástico para fazer emergir o conhecimento e a sabedoria de seus membros.
- **Quebra da hierarquia e das barreiras de status** – Essas barreiras podem ser inúteis quando inibem conversas abertas, compartilhamento e desafios saudáveis. Quanto mais as diferentes gerações se entenderem e dialogarem visando o trabalho em equipe, mais as barreiras serão eliminadas.
- **Melhores soluções** – Quando pessoas com diferentes pontos de vista e perspectivas trabalham em conjunto e

Os deveres de uma equipe de alto desempenho | 25

aprendem a ouvir e aceitar a diversidade, melhores soluções e produtos serão desenvolvidos, em comparação às equipes homogêneas.

Como as diferentes gerações trabalham em equipe? Vamos revisitar os estilos de equipes e as preferências das diferentes gerações. É importante não estereotipá-las, para que possamos entender suas percepções e como elas colaboram em equipes.

Baby boomers (nascidos entre 1946–1964):

- **Estilo de trabalho em equipe** – Trabalho em equipe significa "trabalho em conjunto" e "espírito de equipe".
- **Valor/estilo das equipes** – Devem ter um propósito e um conjunto de valores e objetivos comuns. É importante que as pessoas "se encaixem".
- **Meio preferido de trabalho** – Cara a cara.
- **Suas preocupações/fraquezas** – Pode existir uma tendência de delegar tarefas para os membros mais antigos da equipe.

Geração X (nascidos entre 1964–1980):

- **Estilo de trabalho em equipe** – Valorizam as contribuições únicas que as pessoas podem fazer.
- **Valor/estilo das equipes**– Percebem que a diversidade é algo bom, mas às vezes têm problemas com isso. Apreciam os aspectos de relacionamento do trabalho em equipe.
- **Meio preferido de trabalho** – Preferem o cara a cara e sabem que o virtual é necessário, mas se sentem desconfortáveis com isso.

- **Suas preocupações/fraquezas** – "Conhecimento é poder" – eles podem ser relutantes em compartilhar. Tendências individualistas e competitivas podem atrapalhar.

Geração Y (nascidos entre 1981–2000):

- **Estilo de trabalho em equipe** – Confiança e abertura são primordiais. Querem reuniões somente quando são necessárias.
- **Valor/estilo das equipes** – Gostam de saber o quadro geral e a finalidade do trabalho. Diversidade é empolgante e desafiadora, bem como uma oportunidade para aprender. Status não é um problema – eles falam para a "pessoa", não para a "posição".
- **Meio preferido de trabalho** – Gostam de cara a cara e se sentem confortáveis com equipes de trabalho virtuais. A tecnologia é uma importante ferramenta de trabalho.
- **Suas preocupações/fraquezas** – Podem parecer um pouco "casuais" para os baby boomers e para a geração X, e podem precisar de treinamento em gerenciamento de projetos e em mecanismos um pouco mais formais de *feedback*. Algumas vezes podem parecer desrespeitosos aos mais antigos membros da equipe.

 Diferentes grupos etários tendem a pensar de forma diferente – sentem prazer com as oportunidades.

#8: Gerenciamento bem-sucedido de conflitos

Em muitos casos, conflito no local de trabalho parece ser um fato natural da vida. Todos nós já vimos situações onde diferentes pessoas com diferentes objetivos entraram em conflito. E todos nós também vimos o intenso rancor pessoal que muitas vezes pode resultar de conflitos não administrados.

No entanto, o fato de conflitos existirem não necessariamente significa uma coisa ruim. Se administrados adequadamente, os conflitos podem levar ao crescimento pessoal e profissional.

Ao resolvermos conflitos com êxito, poderemos solucionar muitos dos problemas que eles trouxeram à tona, bem como obter benefícios que você pode não esperar à primeira vista:

- **Reforçar a coesão do grupo**: quando o conflito é resolvido de forma eficaz, os membros da equipe podem desenvolver um respeito mútuo e forte, além de renovar a crença em sua capacidade de trabalhar em conjunto.
- **Maior compreensão**: a discussão necessária para resolver o conflito expande a consciência das pessoas em relação à situação, dando-lhes uma visão sobre como podem alcançar seus próprios objetivos sem prejudicar as outras pessoas.
- **Melhoria do autoconhecimento**: conflitos forçam os indivíduos a examinar seus objetivos em detalhes, favorecendo a compreensão do que é mais importante para eles.

Porém, se o conflito não for tratado efetivamente, os resultados podem ser desastrosos. Objetivos conflitantes podem rapidamente se transformar em antipatia pessoal. Com isso, o trabalho em equipe se deteriora, os talentos são desperdiçados e as pessoas se desengajam. Lembre-se: é muito fácil tudo acabar numa espiral descendente de negatividade e recriminação. Muito fácil...

Se você pretende manter sua equipe ou organização trabalhando efetivamente, você precisa evitar a todo o custo que essa espiral de negatividade se implante. Para fazer isso, entender duas das teorias que estão por trás da resolução eficaz de conflitos será fundamental.

Teoria 1: estilos de conflito de Kilmann

Na década de 1970, Kenneth Thomas e Ralph Kilmann identificaram **cinco principais estilos de lidar com o conflito, que variam em seus graus de cooperação e assertividade**.

Segundo eles, as pessoas normalmente possuem um estilo preferido de resolução de conflitos. No entanto, também notaram que estilos diferentes foram mais úteis em situações diferentes. Eles desenvolveram o **Instrumento Thomas-Kilmann de Modos de Conflito (TKI – *Thomas Kilmann Conflict Mode Instrument*)**, que ajuda a identificar qual estilo é mais recomendado para ser usado quando o conflito surge.

Os estilos Thomas e Kilmann são:

Competir: pessoas com tendências a um estilo competitivo tomam uma posição firme e sabem o que querem. Elas geralmente

Os deveres de uma equipe de alto desempenho | 29

agem a partir de uma posição de poder, extraída de coisas como o cargo ocupado na empresa, os conhecimentos ou a capacidade persuasiva. Este estilo pode ser útil quando há uma emergência e uma decisão precisa ser tomada rapidamente. É importante ressaltar que a competição pode deixar as pessoas com sentimentos machucados, insatisfeitas e ressentidas quando usada em situações menos urgentes.

Colaborar: pessoas com tendências a um estilo colaborativo querem atender às necessidades de todas as pessoas envolvidas. Essas pessoas podem ser altamente assertivas, mas, ao contrário do competidor, elas cooperam eficazmente e reconhecem que todos são importantes. Este estilo é útil quando você precisa reunir uma variedade de pontos de vista para obter a melhor solução.

Comprometer: pessoas que preferem um estilo de comprometimento desejam encontrar uma solução que satisfaça a todos, pelo menos parcialmente. Espera-se que todo mundo ceda de alguma forma para resolver o conflito. Comprometimento é útil quando o custo do conflito é superior ao custo de perder terreno, ou quando os que estão em conflito têm igual força e se encontram em um impasse.

Acomodar: este estilo indica uma vontade de atender às necessidades dos outros em detrimento das próprias necessidades. O "acomodador" muitas vezes sabe quando ceder aos outros, mas pode ser persuadido a entregar uma posição, mesmo quando não há garantias. Apesar de não ser uma pessoa assertiva, o "acomodador" é altamente cooperativo. A acomodação é apropriada quando a questão é mais importante para a outra parte ou quando a paz é mais valiosa do que ganhar, até mesmo quando a pessoa quer estar em condições de cobrar esse "favor" no futuro. Em geral, essa abordagem é pouco eficaz na geração de bons resultados.

Evitar: as pessoas que tendem para esse estilo procuram fugir inteiramente do conflito. Este estilo é caracterizado por delegar decisões, aceitar decisões padrões e não querer ferir os sentimentos de ninguém. Ele pode ser apropriado quando a vitória é impossível, quando a divergência é sobre algo trivial ou sem importância, ou até mesmo quando alguém está em uma posição melhor para resolver o problema. Na maioria das vezes é uma abordagem fraca e ineficaz.

Depois de entender os diferentes estilos, você pode refletir sobre a abordagem mais adequada (ou mistura de abordagens) para cada situação.

Idealmente, você deve adotar uma abordagem que atenda à situação, resolva o problema, respeite os legítimos interesses das pessoas e repare as relações. Uma tarefa sempre desafiadora!

Teoria 2: a "abordagem relacional baseada em interesses"

A segunda teoria é comumente referida como Interest-Based Relational (IBR) Approach. **Esse tipo de abordagem para resolução de conflitos respeita as diferenças individuais ao mesmo tempo em que ajuda as pessoas a não se tornarem enraizadas demais em uma única posição.**

Ao usar essa abordagem na resolução de conflitos usando essa abordagem, você deve obedecer as seguintes regras:

Os deveres de uma equipe de alto desempenho | 31

- **Certifique-se de que bons relacionamentos são a primeira prioridade**: assegure-se de tratar o outro com respeito, construindo assim um respeito mútuo. Faça seu melhor para ser cortês com o outro e permaneça construtivo mesmo sob pressão.

- **Separe as pessoas dos problemas**: reconheça que em muitos casos a outra pessoa não está apenas "sendo difícil" – diferenças reais e válidas podem estar se escondendo atrás de posições conflitantes. Ao separar a pessoa do problema, questões reais podem ser debatidas sem prejudicar as relações de trabalho.

- **Esteja atento aos interesses que estão sendo apresentados**: ao ouvir atentamente, você provavelmente vai entender melhor por que a pessoa está adotando uma determinada posição.

- **Ouça primeiro, fale depois**: para resolver um problema de forma efetiva você precisa entender de onde vem a outra pessoa antes de expressar sua própria posição.

- **Defina os "fatos"**: busque estabelecer o objetivo e os elementos observáveis que terão um impacto sobre a decisão.

- **Explore opções em conjunto**: esteja aberto à ideia de que possa existir uma terceira posição, e a partir daí chegar à construção de uma solução em conjunto.

Essas regras permitem que discussões controversas sejam tratadas de forma positiva e construtiva, evitando o antagonismo e a antipatia que muitas vezes provocam conflitos fora de controle.

Usando a ferramenta: um processo de resolução de conflitos

Com base nessas abordagens, um ponto de partida é identificar o estilo de resolução de conflito primordial empregado por você, sua equipe ou organização. Ao longo do tempo, estilos de gestão de conflito de pessoas tendem a se misturar, e surge uma maneira "adequada" para resolver o conflito.

É bom reconhecer quando esses estilos podem ser usados eficazmente. Certifique-se de que as pessoas entendem que estilos diferentes podem atender a variadas situações.

Olhe para as circunstâncias e pense sobre o estilo que pode ser adequado. Em seguida, use o próximo processo para resolver o conflito.

Primeiro passo: definir o cenário

Certifique-se de que as pessoas compreendem que o conflito pode ser um problema mútuo, que pode ser mais bem resolvido por meio de discussão e negociação, e não através de agressão direta.

Se você estiver envolvido no conflito, enfatize o fato de estar apresentando sua percepção do problema. Escute ativamente para garantir que você compreenda as posições e percepções dos outros.

- Reafirme;
- esclareça;
- resuma.

Assegure-se de que, ao falar, você esteja usando uma abordagem assertiva e construtiva, em vez de um estilo agressivo ou submisso.

Segundo passo: coletar informações

Compreenda os interesses ocultos, as necessidades e as preocupações. Pergunte sobre o ponto de vista da outra pessoa e confirme que você respeita a sua opinião e que precisa de cooperação para resolver o problema. Aprecie suas motivações e metas e veja como suas ações podem afetá-las.

Indique o conflito em termos claros: isso está afetando o desempenho no trabalho? Danificando a entrega ao cliente? Interrompendo o trabalho em equipe? Dificultando a tomada de decisões? Concentre-se em questões de trabalho e **deixe as pessoas fora da discussão.**

- Ouça com empatia e veja o conflito do ponto de vista da outra pessoa.
- Identifique de forma clara e concisa as questões.
- Use "eu" nas afirmações.
- Permaneça flexível.
- Esclareça sentimentos.

Terceiro passo: concordar com o problema

Isso soa como um passo óbvio, mas muitas vezes diferentes necessidades, interesses e objetivos podem fazer as pessoas perceberem os problemas de maneira muito diferente.

Você precisará aceitar os problemas que está tentando resolver antes de encontrar uma solução mutuamente aceitável.

Às vezes, diferentes pessoas veem problemas de forma diferente. No entanto, as visões podem ser interligadas. Se não puder alcançar uma percepção comum do problema, você pelo menos precisa entender o que a outra pessoa vê como problema.

Quarto passo: fazer *brainstorm* de possíveis soluções

Para que todos se sintam satisfeitos com a solução, é fundamental que todos tenham uma participação justa na geração das soluções. Faça um *brainstorm* das possíveis soluções e esteja aberto a todas as ideias, inclusive aquelas que você nunca considerou antes.

Quinto passo: negociar uma solução

Neste estágio, o conflito pode ser resolvido se ambos os lados entenderem melhor a posição do outro e se as diferenças reais entre suas posições forem claramente compreendidas. Nesse caso, a técnica de negociação "ganha-ganha" (win-win) pode ser útil para encontrar uma solução que, pelo menos em certa medida, satisfaça a todos. Existem três princípios orientadores aqui: ser calmo, ser paciente e ter respeito.

 É mais fácil conduzir o conflito quando o foco é nos interesses e não em posições.

#9: Reconhecimento do trabalho e de oportunidades de desenvolvimento

Enquanto a equipe como um todo possui metas para o sucesso, devemos reconhecer que cada membro da equipe precisa de oportunidades para o seu próprio sucesso.

Ajudar os membros da equipe a encontrar as oportunidades para aumentar suas habilidades individuais e seu conhecimento afeta diretamente o aumento da capacidade da equipe e a impulsiona para um alto desempenho.

Forneça mecanismos e *feedback* para o desenvolvimento adequado dos membros da equipe. Seja através de um instrumento formal, como uma avaliação 360 graus, ou de mecanismos completamente informais, como uma conversa durante o almoço, é importante dar *feedback* sobre as qualidades e os pontos que necessitam de desenvolvimento.

Oferecer treinamentos necessários para a melhoria do desempenho proporciona oportunidades para todos os membros da equipe. Membros da equipe exigem algum nível de apoio, para sustentarem novas habilidades e reforçarem novos comportamentos.

Muitas pesquisas indicam que reconhecimento e recompensas, sejam estas monetárias ou não, desempenham um papel significativo na obtenção dos comportamentos desejados das pessoas. Certifique-se de disponibilizar incentivos eficazes para que o tipo de comportamento que você precisa seja incentivado.

Não cometa o erro de apenas incentivar resultados da equipe, sem considerar os resultados individuais. Pense no gerente de vendas que entra em cena e só vende como um indivíduo, ou o líder da equipe de software que simplesmente faz a programação de um projeto.

Incentive e reconheça os comportamentos de liderança que fazem uma diferença qualitativa no desempenho, bem como nos resultados quantitativos alcançados. **Membros da equipe irão tomar conhecimento do que é valorizado e recompensado.**

Dê aos membros da equipe espaço para crescerem em suas funções. Além das ferramentas e dos recursos que você fornecer, eles precisam, acima de tudo, de espaço para crescer e florescer. Não quer dizer que eles não precisem executar eficazmente suas atividades básicas ou que você deva dar a alguém com um desempenho muito abaixo dos padrões mais chances do que o necessário.

Permitir aos membros da equipe ciclos de aprendizagem e chance de melhorarem continuamente suas capacidades é provavelmente o fator de sucesso mais previsível de todos.

Indo direto ao ponto – parte 6 *(por Michael Nir)*

Lembre-se: conceda incentivos com base tanto na realização pessoal como no desempenho da equipe.

A concessão de incentivos de acordo com o desempenho de toda a equipe **pode promover a mediocridade**, com membros de baixo desempenho se escondendo atrás dos membros de alto desempenho.

Por outro lado, conceder incentivos com base exclusivamente no desempenho individual enfraquecerá a equipe de alto desempenho e pode levar a um ambiente de competição e punição.

Reconhecimento deve se basear em indicadores equilibrados, que são determinados tanto pela contribuição individual como pela contribuição para o desempenho da equipe.

Pode parecer difícil fazer todas essas coisas acontecerem com uma equipe virtual, mas na verdade não é. Enquanto o desafio é real, precisam existir possibilidades reais de superá-lo. Mais do que tudo, todo o processo requer uma comunicação eficaz entre os membros da equipe.

 Agradeça e mostre gratidão – pequenos gestos percorrem longos caminhos.

Capítulo 3

Comunicação confiável, a chave do alto desempenho

Como já discutimos, equipes de alto desempenho dependem extensivamente do desenvolvimento de sinergia. Isso é impossível sem uma comunicação eficaz. O fato das comunicações serem mais difíceis para uma equipe virtual do que para as equipes colocadas (fisicamente localizadas no mesmo lugar) é um desafio que pode e deve ser superado.

Quando uma equipe é colocada, as pessoas tendem a se comunicar de maneira informal. Membros da equipe interagem uns com os outros constantemente, seja em uma conversa em torno do bebedouro, esbarrando nos corredores ou sentados juntos durante o almoço. A comunicação informal é, na maioria dos casos, uma das melhores formas de interação entre os membros da equipe, pois é de onde muitas vezes nascem as ideias. É também o tipo de comunicação que faz com que os membros conheçam uns aos outros para que possam se fundir como uma equipe e se entender com mais eficácia.

Além da comunicação informal, é necessário que haja reuniões formais regulares para manter todos informados sobre as atividades dos outros membros da equipe. As reuniões formais têm condições de prover um fórum de discussão dos problemas e um local para tomada de decisões importantes.

Comunicações formais e informais são necessárias para que a equipe seja eficaz; a comunicação de sua equipe nunca será efetiva se você apenas usar um dos métodos de comunicação.

Para uma equipe virtual tornar-se de alto desempenho, ela deve desenvolver mecanismos de comunicação formal e informal.

Infelizmente, na maioria das organizações ainda se observa que a única comunicação existente é a formal, em reuniões usualmente infrequentes e sem absolutamente nenhum foco. Para se tornar uma equipe de alto desempenho e fazer com que essa comunicação dê certo, o desenvolvimento de novas formas de comunicação é essencial, utilizando, na maioria das vezes, tecnologias que temos ao nosso dispor.

Equipes virtuais devem adotar essas tecnologias, fazendo com que funcionem no total de sua capacidade, possibilitando uma comunicação formal e informal de modo permanente.

Não existe fórmula para uma comunicação eficaz. Cada equipe virtual irá desenvolver seus próprios métodos de comunicação de acordo com a sua necessidade. Lembre-se: o que funciona para uma equipe pode não funcionar tão bem para outra.

No entanto, é essencial que os protocolos de comunicação incluam comunicações formais e informais. Reuniões regulares via Skype, Google Hangouts, Webex ou Goto Meeting proporcionam um formato excelente para reuniões virtuais. E-mails podem ser usados para envio de memorandos e relatórios, garantindo que todos tenham as informações mais recentes. Muitas vezes esses dois métodos já são suficientes para suprir a necessidade de comunicação formal.

Cada equipe virtual deve também desenvolver comunicações informais. Isso realmente não pode ser visto como desperdício de tempo, pois é através delas que os membros da equipe conhecem uns aos outros e desenvolvem o nível de confiança e conforto necessário para que possam colaborar juntos em novas ideias.

Desenvolver a comunicação informal em uma equipe virtual é um desafio. Não há cafeteira ou bebedouro próximo para quem atua em uma equipe dispersa geograficamente. As tradicionais oportunidades de *coffee-breaks*, almoços ou simplesmente de se sentar na sala de conferências antes uma reunião começar são eliminadas. Portanto, o líder da equipe tem o dever de criar ambientes virtuais equivalentes para sua equipe. Como não existe um bebedouro físico para ficar em volta, há a necessidade da criação de um "bebedouro" virtual, onde os membros da equipe possam conversar sobre suas vidas, famílias, política, o tempo e até mesmo seu trabalho.

Felizmente, a internet também oferece oportunidades para sanar essa limitação, basta aprendermos a utilizá-la. Formar um grupo no Facebook, no Whatsapp ou através de círculos do Google é uma maneira de criar esse "bebedouro virtual". Apenas criar um grupo não é suficiente; algo tem que ser feito para dar o pontapé inicial da conversação e quebrar o gelo.

Criar um horário específico para os membros da equipe compartilharem seus pensamentos pessoais como parte da comunicação formal é uma forma de fazer isso. Membros da equipe podem se revezar postando suas citações favoritas para resumir as reuniões. Instituir uma reunião semanal onde todos possam compartilhar aspectos de suas vidas, ou iniciar discussões sobre algo que todo mundo já leu, ou um vídeo que todos viram. Essas atividades abrirão a porta para uma comunicação contínua, especialmente se eles já foram introduzidos ao conceito do "bebedouro" virtual.

Conforme os membros da equipe forem se comunicando mais através de reuniões on-line e forem usando o bebedouro virtual, eles se conhecerão melhor e se comunicarão de forma mais eficaz entre si, antecipando reações e necessidades uns dos outros.

Isso ajudará na missão global, sendo mais fácil para a equipe colaborar e se comunicar, em vez de termos pessoas perdidas e vagando sem rumo

Estudo de caso #1

Quando Mark assumiu como líder da equipe de desenvolvimento de software móvel, ele foi confrontado com um desafio:

- Sua equipe estava espalhada por três países.
- A equipe principal na sede da empresa, localizada no Vale dos Silício, estava bem integrada, mas precisava trabalhar em conjunto com membros da equipe que estavam na Polônia e na Coreia do Sul, criando enorme desafios.

Comunicação confiável, a chave do alto desempenho | 43

- Não existia nada de errado com as habilidades e a proficiência de cada indivíduo membro da equipe, mas a eficácia da comunicação entre o grupo principal e os outros membros da equipe era duvidosa.

Esta era a primeira vez de Mark como líder de equipe e ele queria ser bem-sucedido. De alguma forma, ele precisava transformar sua equipe fragmentada e dispersa em um time de alto desempenho. A única questão era... como?

Antes de assumir a equipe, Mark tinha passado uma semana em um intensivo seminário de formação de líderes de equipe. Ele sentiu que tinha uma boa compreensão sobre como construir uma boa equipe.

Ele só não estava certo de como iria fazer com distâncias tão longas e horários tão diversos. De alguma forma, ele teria que encontrar uma maneira de aplicar os princípios aprendidos no trabalho com sua equipe virtual, separada por milhares de quilômetros e diferentes fusos horários.

A primeira coisa que Mark decidiu fazer, a fim de transformar sua equipe, foi melhorar a comunicação.

Para colocar a comunicação da sua equipe no caminho certo, ele instituiu reuniões de equipe obrigatórias. Como os membros de sua equipe estavam espalhados, usou o Skype como ferramenta. Ele sentiu necessidade de fazer com que todos estivessem na "mesma página" e também se conhecessem.

Suas reuniões foram um pouco diferentes das típicas reuniões da empresa. Em vez de gastar todo o tempo com relatórios de status nada atraentes, ele solicitou a todos que lhe enviassem seus respectivos relatórios de status, para que pudessem ser compilados semanalmente e assim encaminhados de volta a todos os membros da equipe. Amanda, responsável pela redação técnica da equipe, cuidou disso, mesmo não sendo parte do seu trabalho.

Ela preparou um formato padrão para todos utilizarem, e tudo o que ela tinha que fazer era compilar o material recebido em um único arquivo e mandar por e-mail. Isso deu a Mark a oportunidade de usar o tempo da reunião para a formação da equipe, em vez de ficar fazendo atualizações de status.

 As reuniões de equipe de Mark se tornaram as mais incomuns da empresa. Todos deviam apresentar uma frase resumo sobre o dia de trabalho e o resto do tempo disponível era gasto em conhecer um ao outro.
A cada dia um dos membros da equipe, escolhido aleatoriamente, falava sobre si mesmo. Eles faziam uma breve autobiografia, seguida de respostas a dez perguntas criadas pela equipe.

Cada reunião terminava com alguém compartilhando uma citação favorita. Não importava a origem da citação, e era permitido criar suas próprias citações. A ideia era compartilhar novas perspectivas, sobre as quais eles conversariam mais tarde no "bebedouro".

As reuniões de sexta-feira eram diferentes. Mark tinha em sua equipe uma especialista em RH chamada Julia. Ela ficou responsável por montar um treinamento informal de gestão. Toda semana ela enviava um vídeo ou artigo sobre algum aspecto no processo de construção de equipes ou de gestão para todos reverem.

Essa reunião de sexta-feira tinha foco na discussão do processo de formação de equipes, coletando ideias de todos e tentando encontrar maneiras de aplicar o que haviam aprendido nas suas atividades.

Isso solucionou a questão das comunicações formais, no entanto Mark ainda precisava colocar as comunicações informais em funcionamento. Foi quando o "bebedouro" apareceu. Não era realmente um local para beber água, mas decidiram utilizar esse nome.

Tratava-se do fórum on-line da equipe, onde eles conversavam sobre diferentes tópicos. Mark criou uma regra para a equipe: todos tinham que verificar o fórum pelo menos duas vezes por dia e incentivou-os a comentar regularmente.

Demorou um pouco, mas o "bebedouro" acabou funcionando muito bem. Tópicos poderiam ser postados sobre as palavras de sabedoria que haviam encerrado a reunião. Outros assuntos vieram à tona, como problemas pessoais, *hobbies* e até mesmo fotos de seus filhos.

A coisa mais surpreendente para Mark foi que cerca de metade dos posts acabavam sendo relacionados com o trabalho. Membros de sua equipe começaram a compartilhar o que estavam fazendo, com ideias saltando de um lado para o outro.

A equipe estava finalmente trabalhando junta em ideias e problemas, mesmo operando a longas distâncias.

Estudo de caso #1 – Resumo

Mark tinha dado o primeiro passo para o alto desempenho de sua equipe. Por pensar de maneira diferente e usar as tecnologias disponíveis, ele encontrou uma maneira de reunir sua equipe, aumentando a sua comunicação e levando-a a trabalhar em conjunto.

- **O aumento da comunicação que Mark instituiu permitiu a construção de relacionamentos;**
- os relacionamentos, por sua vez, amadureceram e melhoraram as comunicações;
- ao dar aos membros da equipe a oportunidade de se conhecerem, ele estabeleceu as bases para essas relações se formarem;
- a instituição do bebedouro virtual e os incentivos para utilizá-lo fizeram com que os relacionamentos florescessem;
- o resultado foi que a equipe se tornou capaz de trabalhar melhor em conjunto, atingindo seus objetivos.

Como vimos com Mark, líderes são aqueles que transformam o time em equipe de alto desempenho. Embora seja útil ter membros da equipe motivados para trabalhar, a maior parte dessa motivação depende do líder. Mark começou fazendo com que sua equipe conversasse entre si. Enquanto isso não fosse feito, sua equipe não poderia ser de alto desempenho por si só.

Construir uma equipe de alto desempenho exige muito trabalho, especialmente para o seu líder. Agora, é sempre bom saber que dá muito mais trabalho não construir uma equipe de alto desempenho.

Alguns líderes demonstram consistentemente as características necessárias para formar equipes de alto desempenho. Esses líderes podem ser retirados de um time e colocados em outro. Em 12 a 18 meses eles terão transformado esse segundo time em uma equipe de alto desempenho.

E a primeira equipe? Na maioria absoluta das vezes, a equipe anterior permanece com alto desempenho, independentemente da mudança do líder.

 Reflita sobre seu aprendizado em relação à abordagem de Mark

Capítulo **4**

Comportamentos de liderança em uma equipe altamente eficaz

Mais do que tudo, líderes de equipes de alto desempenho são visionários. Eles não começam olhando onde suas equipes estão, e sim para onde querem que suas equipes prossigam. Com base nisso, eles traçam o caminho contrário, para descobrir como chegaram lá.

Uma visão é uma imagem de onde você quer chegar, e não o caminho para chegar lá. Apenas ter uma visão não é suficiente. O líder da equipe deve estar "contaminado" com a visão, fazendo com que sua equipe se comprometa e se sinta responsável. A visão pode começar com ele, mas precisa se tornar a visão da equipe, não apenas do líder.

Slogans são um ótimo método para comunicar a visão; algo curto, que a encapsule e dê à equipe algo em que acreditar. Um dos melhores slogans foi criado por Herb Kelleher, antigo CEO da Southwest Airlines. Sua visão e slogan tornaram-se o critério pelo qual todas as decisões em sua corporação eram tomadas.

50 | Construindo Times Altamente Eficazes

Todos entendiam aquele slogan e compravam a visão que ele continha.

O slogan de Kelleher era "We are THE low-fare airline", que traduzido seria "nós somos A companhia aérea das baixas tarifas". Você nem precisa estar no negócio de companhia aérea para entender isso. Tudo o que você precisa fazer é ler. Novos funcionários poderiam ter tanto entendimento da cultura corporativa e da filosofia como o gerente mais experiente, apenas compreendendo essa simples frase. Ela capturou a visão que Kelleher tinha da Southwest Airlines, transformando-se em algo em que todo mundo poderia acreditar.

Já que nem toda visão é compartilhada de forma tão eloquente, cada líder deve se esforçar para criar a sua. Quanto mais clara e mais simples for a visão, mais fácil será para os membros da equipe se identificarem com ela.

Seja autêntico

Líderes de equipes de alto desempenho não vivem em uma torre de marfim, separados de seus leais súditos. Eles também fazem parte da equipe e sabem quando abrir e baixar sua guarda com os membros de seu time. Eles não estão tentando projetar uma imagem de perfeição, mas estão dispostos a mostrar suas próprias vulnerabilidades, especialmente se isso puder auxiliar outro membro da equipe. Isso realmente ajuda a ganhar o respeito de todos, muito mais do que tentando parecer perfeito.

Exibir vulnerabilidades requer ser confiante em si mesmo e ser capaz de rir de seus próprios erros.

Comportamentos de liderança em uma equipe altamente eficaz | 51

Pessoas que precisam parecer perfeitas muitas vezes se sentem assim porque lhes falta autoconfiança. Estar disposto a se abrir e ser vulnerável faz com que uma equipe se torne mais coesa.

Fale sobre as coisas difíceis

Todo time tem dificuldades. A questão central não é se elas vão ou não surgir, e sim como lidar com elas. Os líderes de equipes de alto desempenho reconhecem as dificuldades e os problemas. Estão dispostos a falar sobre as coisas difíceis, mesmo que seja desconfortável. Seu objetivo é sempre trabalhar com o problema, obtendo vitórias para a equipe.

Alguns líderes tentam evitar o conflito, mas isso só torna o problema um veneno, uma infecção. Essa infecção eventualmente fará com que a equipe se torne disfuncional e "doente". Embora ninguém goste de conflitos, passar por eles é essencial.

Uma das coisas difíceis que os líderes devem fazer é enfrentar os membros com baixo desempenho. Há muitas razões para que um membro da equipe não esteja produzindo conforme as expectativas, e é responsabilidade do líder descobrir a causa e fazer o que for necessário para corrigir o problema. Muitas vezes isso significa encontrar outra equipe para esse membro, onde ele poderá se encaixar melhor.

Se não for tratado de forma correta, aquele membro de baixo desempenho pode sabotar os esforços e causar um "racha" na equipe. Independentemente de seu problema, se isso não for tratado é como ter uma praga corroendo o time.

Saiba escutar

A comunicação é uma via de mão dupla. Muitos líderes falam em primeiro lugar e então, se sobrar tempo, eles vão ouvir. Não é assim quando se trata de líderes de equipes de alto desempenho. Eles sabem ouvir e geralmente escutam os membros de sua equipe antes de falar. Lembre-se: a liderança em uma equipe de alto desempenho é um esforço colaborativo. Esses líderes não se veem como "o chefe" que todo mundo está lá para servir. Eles se veem como facilitadores, permitindo à equipe tomar suas próprias direções.

Uma parte importante desse ponto é ouvir. Todo mundo quer ter a oportunidade de ser ouvido, até mesmo o membro mais júnior do time. Quando esses líderes ouvem, eles fazem os membros de sua equipe se sentirem mais importantes, como se as suas contribuições fossem essenciais para o alto desempenho.

Às vezes, não é suficiente apenas o líder ouvir; ele precisa ir buscar outros para ouvirem também. Não haverá um ambiente positivo se os membros da equipe forem negativos uns com os outros. Talvez uma ideia que um membro júnior da equipe esteja "fazendo brotar" não funcione e não seja implantada. No entanto, todos devem sempre encorajá-lo a se expressar.

Comportamentos de liderança em uma equipe altamente eficaz | 53

Faça boas perguntas

Perguntas são uma ferramenta valiosa. O tipo certo de perguntas pode direcionar alguém a olhar em direções alternativas, favorecendo a geração de respostas diferentes e criativas. Além de utilizar perguntas para direcionar as pessoas, líderes usam perguntas para acompanhar o que está acontecendo em sua equipe.

Diz-se que temos duas orelhas e apenas uma boca para ouvirmos duas vezes mais do que falamos. Ouvir é uma arte, e **fazer perguntas é uma ferramenta para ativar a escuta**. No entanto, perguntar sem ouvir a resposta é uma das maneiras mais rápidas de mostrar a um grupo que você não se importa com ele. Boas perguntas devem ser seguidas por uma escuta atenta.

Seja confiável

Bons líderes precisam ser confiáveis. Se os membros da equipe devem aprender a contar uns com os outros, eles precisam começar aprendendo que podem sempre contar com o seu líder. Isso significa que o líder deve levar a cabo o que diz. Se não for possível realizar o que foi pedido, deve explicar por que, ou perderá a credibilidade aos olhos de sua equipe.

As pessoas farão muito mais por um líder em quem confiam. Nas forças armadas, um dos maiores elogios que um funcionário pode receber, especialmente a partir de um sargento experiente, é "eu estaria disposto a segui-lo para a batalha". As atividades de nossa equipe são uma forma de batalha. Precisamos de membros dispostos a nos acompanhar nessa batalha para vencer.

Isso significa que eles devem confiar em nós – e isso só pode acontecer se provarmos que somos confiáveis.

Ser confiável significa também falar claramente aos membros da equipe. A maioria das pessoas consegue perceber as mentiras e as informações erradas passadas pela gestão. Embora não consigam ver qual é a verdade, as pessoas saberão o que é falso. Ser honesto com a equipe é outra forma de confiança. Isso faz com que os membros aprendam que podem confiar no que você diz e que você manterá a sua palavra.

Saiba como se divertir

Todo mundo gosta de se divertir. Isso é uma parte necessária da construção da equipe. Liderar uma equipe de alto desempenho também significa levá-los a se divertir juntos. No entanto, nunca às custas de outra pessoa, especialmente um outro membro da equipe. Sarcasmo e outros comentários afiados não têm lugar na diversão da equipe, pois sempre irão machucar alguém.

Divertir-se não pode vir em detrimento dos objetivos da equipe. Muitas atividades de trabalho podem ser feitas de forma divertida, basta querermos. Muito disso tem a ver com a forma como abordamos essas atividades. Se abordadas como algo a ser feito juntos como equipe, podemos definir um tom para que se torne divertido.

Seja orientado a metas

As metas são a bússola que orienta a equipe. Independentemente das atividades que estão sendo realizadas, um líder de equipe de alto desempenho manterá todos orientados às metas. Pode ser o objetivo final do projeto ou metas intermediárias que ajudarão o time a alcançar sua finalidade; sejam o que for, continuarão sendo metas, e o líder da equipe irá mantê-las como foco.

Isso não significa que o líder tem uma visão limitada. Atividades de formação de equipe podem parecer para alguns uma perda de tempo. No entanto, essas atividades são essenciais para moldar o time e deixá-lo com um alto desempenho. Por esse motivo, incluir tais atividades no horário de trabalho ajudará a equipe a alcançar os seus objetivos.

 Reflita sobre seus comportamentos de liderança. O que você pode melhorar?

Capítulo 5

Manter a responsabilidade apesar da distância – o desafio virtual

Uma das partes mais difíceis de gerir qualquer equipe, ainda mais uma que está espalhada por todo o mundo, é manter a prestação de contas sobre as respectivas responsabilidades.

Muitas pessoas veem a falta de supervisão direta como uma oportunidade para sair de miniférias prolongadas pagas pela empresa. São miniférias simplesmente porque elas sempre fazem algum tipo de trabalho, apenas para se certificar de que terão algo a relatar a seu líder de equipe. No entanto, essas pessoas não realizam o nível de trabalho que estão sendo pagas para fazer, ou que são capazes de fazer.

A chave para evitar esse problema é contratar o tipo certo de pessoa, o que pode ser um desafio ainda maior ao se contratar pela internet, como, por exemplo, a limitação de comunicação direta. É difícil olhar alguém nos olhos para ver se está dizendo a verdade, quando a única imagem que se vê é um pequeno

Construindo Times Altamente Eficazes

quadrado vindo da webcam.

O grande teste da ética de trabalho não é o que dizem na entrevista, é o que fazem quando acham que ninguém está olhando. Trata-se de contabilizar horas mesmo que estas tenham sido usadas para navegar na internet ou verificar seu e-mail particular, em vez de estar trabalhando.

Muitas pessoas esquecem que há sempre um período experimental quando um funcionário novo é contratado. Durante esse tempo, o supervisor tem a opção de dispensá-lo, sem qualquer risco. Embora os empregadores mantenham esse controle no caso de colaboradores internos, é muito mais provável que esqueçam de fazer o mesmo para os funcionários de longa distância. Contudo, isso é muito mais aplicável àqueles que estão em outros países.

Líderes de equipe devem ter uma ideia bastante boa de quanto tempo os seus membros de equipe levam para completar suas tarefas. O departamento de recursos humanos pode ajudar nisso, juntamente com os especialistas da empresa. Padrões de tempo foram criados para quase qualquer tipo de trabalho, e se alguns deles são mais propensos a variações na quantidade de tempo gasto, esses desvios devem se equilibrar a longo prazo.

Pessoas de alto desempenho para equipes de alto desempenho

Qualquer líder que constrói uma equipe de alto desempenho é seletivo com as pessoas que ele deixa permanecer no seu time. Há pessoas que simplesmente não se encaixam, seja por

Manter a responsabilidade apesar da distância – o desafio virtual | 59

sua falta de comprometimento, por sua falta de conhecimento ou até mesmo pela sua falta de ética no ambiente de trabalho. Não importa muito qual seja a razão; o líder deve ser capaz de identificar essas pessoas e movê-las para fora de seu time.

Na maioria das vezes é a **atitude**, e não a aptidão, que faz uma pessoa ser inadequada para trabalhar em uma equipe de alto desempenho. De modo geral, os empregadores contratam aptidão em vez de atitude. Só porque um potencial empregado possui as graduações adequadas, todas as referências exigidas e o conhecimento necessário não significa que ele executará tudo de maneira correta. Às vezes essas pessoas altamente qualificadas podem se tornar um problema ao esperar que o mundo, ou pelo menos a equipe, gire ao seu redor.

Por outro lado, uma pessoa com a atitude certa tem grandes chances de compensar sua falta de aptidão. Se ela ou ele não souber alguma coisa, irá aprender. Se nunca fez isso antes, saltará sem medo e tentará da melhor forma possível. Sua atitude fará com que se sobressaia, pois não irá se contentar com nada que seja menor que o melhor resultado possível.

Esses são os tipos de pessoas que irão agarrar e proteger a visão da equipe e sair por aí promovendo-a. Embora possam cometer erros ao longo do caminho, estes serão compensados pelo trabalho árduo em busca da ocasional e brilhante ideia. Em última análise, o seu valor para a equipe será muito maior do que o "especialista" que na verdade nem se importa com a equipe.

Lembre-se: para que uma equipe de alto desempenho dê certo, todos os membros precisam acreditar e se comprometer com a visão da equipe. Isso contribuirá muito mais do que qualquer habilidade específica de um membro da equipe, fazendo com que a sinergia multiplique a capacidade de todos.

 Trabalhadores altamente motivados não necessitam de supervisão direta. Não precisam de alguém os observando para ver se estão trabalhando, pois estão vigiando a si mesmos. Eles não precisam bater ponto porque estão regularmente trabalhando mais horas do que estão sendo pagos, sem sequer avisar ao chefe. Eles se autopoliciam simplesmente por causa de seu entusiasmo.

Estudo de caso # 2

Quando Nigel foi contratado como gerente de TI, ficou encarregado de atender aos clientes da empresa em todo mundo. Ele sabia que isso seria um desafio e que demandaria um time de pessoas altamente motivadas e eficazes.

- A primeira coisa que Nigel notou quando foi contratado foi a fragmentação de sua equipe.
- Ele tinha pessoas trabalhando em seis países, nos mais diferentes fusos horários,
- Três das subequipes locais eram lideradas por pessoas que desejavam e disputavam o cargo de Nigel.

Ele estava com problemas.

Para transformar completamente sua equipe, Nigel precisava retirar as pessoas de suas zonas de conforto e desafiá-las com um novo padrão. Foi por onde ele começou.

A visão criada por ele definia um novo padrão de atendimento ao cliente, maior do que a empresa jamais havia experimentado.

Mesmo assim, ele estava confiante de que poderia colocá-la em prática, desde que a equipe confiasse nele e que todos trabalhassem juntos.

Para superar as disputas e divergências em sua equipe, Nigel decidiu fazer um rápido *tour* em suas várias subequipes para que as pessoas o conhecessem e para que pudesse lhes apresentar sua nova visão. Isso não seria fácil. Ele sabia que enfrentaria todo tipo de problema e desafio, especialmente com os membros mais experientes.

O que virou o jogo para o seu lado foi sua atitude de pensar que em momento algum ele saberia todas as respostas. Ao mesmo tempo em que confrontava as atitudes ruins com as quais deparava, ele passava mais tempo ouvindo os vários membros da equipe, recebendo suas ideias para complementar a visão apresentada.

Nigel foi inundado por ideias. Nunca antes alguém havia perguntado às subequipes seus pensamentos. Tudo era basicamente "ditado" pelo escritório central, responsável por boa parte das atitudes ruins que ele havia herdado. Ao ouvi-los, ele foi capaz de fazer com que cada membro se sentisse parte valiosa do time.

Além de ideias, Nigel descobriu uma série de problemas reais que foram dificultando o trabalho em conjunto de sua equipe. Em vez de apenas ouvir as reclamações das equipes sobre seus problemas, ele também pediu as soluções.

Esse foi o ponto de virada para o time de Nigel. Ele os desafiou a fazerem melhor e lhes deu a oportunidade para tal. Ele mostrou que estava disposto a ouvi-los e que valorizava todas as contribuições.

Os membros mais insatisfeitos de repente se tornaram os maiores destaques da equipe.

 Reflita sobre seu aprendizado em relação à abordagem de Nigel

Estudo de caso #2 – Resumo

Nigel precisava desenvolver novos sistemas para a sua equipe utilizar. Na verdade, ele não precisou desenvolver completamente esses sistemas. Com as ideias provenientes dos membros de sua equipe, ele pôde alterar ou substituir os sistemas existentes e então reimplementá-los. A equipe tentava operar com sistemas que foram projetados para uma equipe fisicamente alocada, mesmo eles estando espalhados por mais da metade do mundo.

 Não importa o quão grande é a organização ou o que ela faz: quando o escritório central dita tudo, muitas vezes **dita o que é melhor para o escritório central**, não levando em consideração o que vai funcionar bem para outras equipes.

Ao tratar de uma equipe virtual, devem ser consideradas as diferenças de cultura, língua, disponibilidade de materiais e nível de escolaridade dos membros. Lembre-se de que a cultura e a forma como as pessoas vivem desempenharão um papel importante em sua capacidade de realizar o que um *home office* necessita.

Quando parte da equipe está em países sem infraestrutura adequada, serviços regulares com os quais contamos não são necessariamente confiáveis. Serviços telefônico e elétrico podem ter

Manter a responsabilidade apesar da distância – o desafio virtual | 63

interrupções, fazendo com que membros da equipe não possam trabalhar. Tais problemas devem ser considerados ao se conceber uma equipe virtual. Se a equipe for composta por prestadores de serviços, pode ser necessário que eles utilizem equipamentos com os quais não consigam arcar financeiramente, gerando problemas adicionais.

Sistemas que necessitam de assinaturas e formalização de documentos de todos são extremamente difíceis de implementar em uma equipe virtual.

Se o departamento de compras é em um lugar, o departamento de engenharia de projeto em outro, o departamento de planejamento em um terceiro e o departamento de engenharia de produção em um quarto lugar (fábrica), o simples fato de tentar reunir todos os documentos para a assinatura pode ser uma tarefa muito complicada.

O uso de documentos on-line, bancos de dados e assinaturas virtuais facilitam esse processo. O grande desafio aqui é entender que as políticas da empresa devem ser adaptadas às necessidades da equipe virtual e não o contrário.

Liderança compartilhada

Sondando os problemas e as sugestões dos membros de suas equipes dispersas, Nigel iniciou o processo de liderança compartilhada, processo este que não elimina o líder da equipe – ao contrário: envolve todos no processo de tomada de decisão. Todos na equipe acabam abraçando a visão, as metas e os sistemas, pois se sentem parte do processo de criação.

O líder da equipe pode delegar funções de liderança aos membros da equipe. Uma maneira comum de fazer isso é usar uma lista alternando o principal responsável das reuniões de equipe. Isso dá a todos a oportunidade de conduzir uma reunião, ajuda a treiná-los para a liderança e remove um pouco da carga sobre o líder da equipe. Muitas vezes um membro da equipe terá uma ideia na reunião em que está presidindo, que poderá ser adotada por toda a equipe.

Outra maneira de envolver membros da equipe na liderança é delegar a eles áreas de responsabilidade. Mark delegou uma tarefa de desenvolvimento profissional para Julia, sua coordenadora de RH, tendo sua carga reduzida nas sessões de desenvolvimento de gestão às sextas-feiras. Por um lado, ela o ajudou em seu papel como coordenadora de RH; por outro lado, ele estava compartilhando o papel de liderança com ela.

O mesmo poderia ser dito para Nigel, quando utilizou um membro de equipe sênior em cada país como um sublíder de equipe. Enquanto ainda era o gerente de TI, ele deu autonomia e autoridade a todos para tomada de decisão. Esse foi um longo caminho até superar o ressentimento acerca de sua contratação – mas ainda mais importante foi ele ter conseguido o comprometimento desses membros.

As pessoas sempre vão colocar mais esforço em algo que elas criaram. Normalmente, as pessoas que mais se dedicam são as que trabalham por conta própria. Elas constroem seus negócios e colhem diretamente os benefícios.

Em uma equipe, cada membro precisa desse mesmo sentimento

Manter a responsabilidade apesar da distância – o desafio virtual | 65

de propriedade. Eles podem adquirir esse sentimento ao se envolverem no processo de tomada de decisão. Isso deve começar o mais cedo possível – de preferência, assim que a equipe se formar.

Ao mesmo tempo em que os objetivos principais da equipe frequentemente serão atribuídos ao líder, a visão e os sistemas que trazem esses objetivos não serão. Se o líder da equipe os criar e os apresentar à equipe, serão provavelmente aceitos e utilizados. No entanto, se o líder da equipe trouxer os membros para o processo de criação, a visão e os sistemas serão mais que usados – se tornarão propriedade da equipe. Membros da equipe irão defendê-los. Sempre!

Conheça outros livros de Ricardo Vargas

Manual Prático do Plano do Projeto

2014 - 5ª EDIÇÃO
288 PÁGINAS
FORMATO: 21x28cm

O livro é composto por documentos e modelos prontos para utilização no planejamento e gerenciamento de projetos. As principais técnicas de análise e modelamento são explicadas de forma que esses documentos e modelos possam ser utilizados efetivamente no gerenciamento de projetos.

Ao longo do livro, um exemplo real e prático é utilizado para explicar todas as questões relacionadas ao gerenciamento do projeto, incluindo escopo, tempo, custos, qualidade, recursos humanos, comunicações e aquisições.

Acesse: **http://rvarg.as/manual**

Microsoft Project 2013: Standard, Professional & Pro para Office 365

2013 - 1ª EDIÇÃO
500 PÁGINAS
FORMATO: 21x28cm

Saiba como transformar em sucesso seus projetos utilizando o Microsoft Project 2013.

Ricardo Vargas apresenta, em parceria com Allan Rocha, Microsoft Valuable Professional (MVP), o livro que irá lhe ajudar a atingir o sucesso em seus projetos utilizando o Microsoft Project 2013. O livro segue o mesmo estilo dos livros anteriores escritos por Ricardo, tornando mais fácil para os leitores se atualizarem das versões anteriores para a 2013.

Acesse: **http://rvarg.as/p2013**

Planejamento em 140 Tweets

2012 - 1ª EDIÇÃO
128 PÁGINAS
FORMATO: 11x17,8cm

Seja qual for a sua profissão, toda vez que a natureza temporária do trabalho surgir, você estará diante de um projeto. E gerenciar esse esforço é muito diferente de gerenciar a rotina.

Este livro é para ser lido pelo advogado, pelo médico, pelo empresário, pelo pesquisador, pelo servidor público, enfim, por todos os profissionais que desejam aprender os principais conceitos que envolvem as atividades de planejamento e gerenciamento de projetos de uma forma simples, rápida e direta.

Publicado em português, inglês e espanhol.
Acesse: **http://rvarg.as/tweets**

Análise de Valor Agregado em Projetos

2013 - 6ª EDIÇÃO
144 PÁGINAS
FORMATO: 21x28cm

Sexta edição do mais atual e completo livro sobre análise de valor agregado (*Earned Value Analysis*), uma das ferramentas de avaliação e gerenciamento de projetos mais utilizada no mundo e em todos os contratos do governo norte-americano.

O livro aborda desde conceitos básicos até a viabilidade da ferramenta em projetos específicos, incluindo um capítulo sobre o uso do **Microsoft Project 2013** na análise de valor agregado.

Acesse: **http://rvarg.as/valor**

Analytical Hierarchy Process, Earned Value and other Project Management Themes

2014 - 1ª EDIÇÃO
184 PÁGINAS
FORMATO: 21x28cm

O livro apresenta um compêndio de artigos técnicos de 1999 a 2014 que vai lhe ajudar na compreensão do contexto de gerenciamento de projetos.

Publicado em inglês.

Download Gratuito!

Acesse: **http://rvarg.as/compendium**

Impresso nas oficinas da
SERMOGRAF - ARTES GRÁFICAS E EDITORA LTDA.
Rua São Sebastião, 199 - Petrópolis - RJ
Tel.: (24)2237-3769